▶動画付き 改訂版

必ず ウケる！

カード マジック

プロが教える

かんたん&本格手品

ベスト
50

沢しんや 監修

メイツ出版

必ずウケる!
カードマジックベスト50
目 次

▶ …動画収録ページ

カードをズバリ当ててウケる! カードマジック

カードが入れ替わってウケる! カードマジック

※本書は2020年発行の『必ずウケる! カードマジック プロが教えるかんたん&本格手品ベスト50』を元に加筆・修正を行い、動画の追加、書名・装丁を変更して新たに発行したものです。

この本の使い方

動画の視聴方法は126ページで紹介しています。

二次元コードがある
ページは、読み取れ
ば動画を見ることが
できます

マジックの難易度を
表示しています

Check!

MAGIC No.1　難易度 ★★★

相手が掴んでいるのに 裏表がひっくり返るカード

折り方を間違えないように手順をよく覚えるのがコツ

しっかりと相手に持ってもらったカードが、いつの間にかひっくり返ってしまいます。図形の仕組みを使った不思議なマジックです。

マジック を始める前に タネや仕掛けを準備しよう！

図のようにカードの上下左右に折り目を入れ、さらに切り込みを入れます。

1 横が1:2:1になるように折り目を付けます。

2 折り目を戻して、縦が1:1:1になるように折り目を付けます。

3 折り目の付いた中央の四角形の3辺をカッターで切り込みを入れ、持つ部分をめくれるようにします。

自分 からは こう見えています LET'S TRY!

1 裏向きのカードの中央を相手に...

2 手前を下に折ります。

3 左右を下に折ります

ここがポイント

4 手前を下に折ります。

5 ここで相手に「確かに裏向きで持っていましたね」と確認します。

6 下に折った部分を手前から相手側に開きます。

7 左右を開きます。

8 カードが表向きになってしまいました。

9 下部分を手前に開きます。

このマジックのコツ
何度も繰り返し練習していると、折り目に曲が付くので演じやすくなっていきます。素早く折って開いて見せましょう。
5から8は、持っている相手に目をつぶってもらうほうが、より不思議さが増して効果的です。

自分からまたは相手
からどのように見え
るか写真とともに解
説します

タネや仕掛けがいる
ものは準備の仕方を
説明します

マジックを上手にで
きるようコツが書い
てあります

はじめに覚えておきたい
カードマジック用語とテクニック

カードマジックを演じる際に使われる言葉やテクニックの意味を解説します。トランプの各部の名称、カードの混ぜ方など事前に覚えておきましょう。

❶**フェイス**…カードの表（マークと数字が書いてある面）。

❷**バック**…カードの裏（すべて同じ模様が描かれている面）。

❸**インデックス**…カードに書かれた数字とマークのこと。

❹**サイド**…カードの4辺のうち、長い2辺のこと。

❺**エンド**…カードの4辺のうち、短い2辺のこと。

❻**コーナー**…4つあるカードの角。

❼**トップ**…デックが裏向きのとき一番上にあるカード。デックを裏返してもトップのカードは変わらない。

❽**ボトム**…デックが裏向きのとき一番下にあるカード。デックを裏返してもボトムのカードは変わらない。

デック 一組のトランプ全体のこと。

パケット 数枚のカードの集まり、またはデックをいくつかに分けたもの。

カット デックをいくつかのパケットに分けること。または分けたあとにもう一度重ねてカードの順番を入れ替えることを指す。

フォールスカット カードをカットしたように見せて本当はカットせずに順番をそのままにすること。

シャッフル

デックをバラバラに混ぜること。

ヒンズーシャッフル　　リフルシャッフル　　オーバーハンドシャッフル

フォールスシャッフル カードの順番を崩さずにシャッフルしているように見せること。

スプレッド

デックをテーブルに広げる動作や、相手にカードを選んでもらうとき両手の間に広げること。

ブレイク

小指の腹でデックまたはパケットを分けて、その空間を相手に気づかれないように保持すること。

━━━━━━━━━━━ カードのサイズ ━━━━━━━━━━━

トランプカードは用途によって使うサイズが異なります。カードマジックに多く使われるのは、幅が広く見栄えの良いポーカーサイズです。

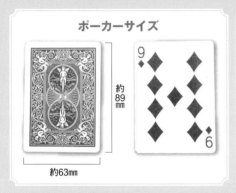

ポーカーサイズ
約89mm
約63mm

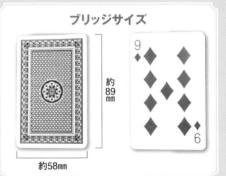

ブリッジサイズ
約89mm
約58mm

ディーリングポジション

デックを持つときの基本的な持ち方です。デックのボトムを手のひらにピタッと付けずに少し浮かせて持ちます。親指はデックのトップに伸ばし、人差し指は上エンドに斜めに乗せます。ほかの指は右サイドから少し出るようにします。

ビドルグリップ

右手でデックを持つ方法です。親指を下エンドの中央に付け、上エンドをほかの指で支えます。真上より少し斜めに持った方が見栄えが良くなります。

ジョグ

デックから特定のカードが突き出ている状態のことです。カードを相手側に出した状態を「アウトジョグ」、自分側に出した状態を「インジョグ」といいます。

アウトジョグ

インジョグ

トップコントロール

選んだカードをトップに持ってくる方法です。

①

②

③

④

⑤

⑥

成功!

❶デックを半分に分けて選んだカードを乗せます。

❷上半分のパケットを斜め上から投げます。

❸すると手前にカードが何枚かずれるのでそろえます。

❹そろえるときに小指でブレイクをつくります。

❺ブレイクから上のパケットをカットしてテーブルに置きます。

❻選んだカードがトップにあるパケットを最後に重ねて完了です。

グライド

ボトムから抜いたカードが
入れ替わるテクニックで
す。中指でボトムカードを
下にずらし2枚目のカード
を引き抜きます。

そのままデックを裏
返してグライドし、2
枚目のカードを引き
抜きます。

ボトムカードを指差します。

相手にはボトムカードを取り出した
ように見えます。

ダブルリフト

トップから2枚のカードを同時にめくるテクニックです。

右下コーナーに人差し指を当てます。

下からカードをはじいていき、トップカード2枚を人差し
指で保持します。

2枚をそろえて右サイドに指を滑らせます。

2枚がずれないように一気にひっくり返します。このと
き2枚のカードを少しずらしておくと再度めくりやすい
です。

リフルシャッフル

1 デックを半分に分けて写真のように両手で持ちます。

2 人差し指に力を入れてカードを反らせながら、親指を緩めて1枚ずつ交互に重ねます。

3 すべて重ね終えたら親指でカードの重なった部分を押さえ、残りの指は下部分を押さえます。

4 山型にカードを反らせて力を抜いていくと、重なったカードがパラパラと落ちます。

5 きれいに整えて完了です。

ヒンズーシャッフル

1 左手に持ったデックの下3分の2程度を取り出します。

2 左手のカードに取り出したカードを重ねて、左手の指でトップのカードを数枚取ります。

3 取り出したカードが少なくなるまで②を繰り返します。

オーバーハンドシャッフル

1 デックを写真のように持ち、トップカードを親指で押さえます。

2 左手は動かさずに、右手でトップカード以外の残りデックを引き上げます。

3 左手にはトップカードが残るので、右手に持ったデックを重ねて②を繰り返します。

4 すると、トップから数枚のカードが落ちてデックが混ざります。

相手が掴んでいるのに裏表がひっくり返るカード

折り方を間違えないように手順をよく覚えるのがコツ

しっかりと相手に持ってもらったカードが、いつの間にかひっくり返ってしまいます。図形の仕組みを使った不思議なマジックです。

マジック を始める前に タネや仕掛け を準備しよう！

図のようにカードの上下左右に折り目を入れ、さらに切り込みを入れます。

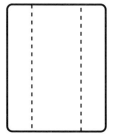

1 横が1:2:1になるように折り目を付けます。

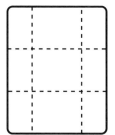

2 折り目を戻して、縦が1:1:1になるように折り目を付けます。

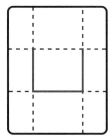

3 折り目の付いた中央の四角形の3辺をカッターで切り込みを入れ、持つ部分をめくれるようにします。

自分 からは こう見えています LET'S TRY!

1 裏向きのカードの中央を相手に持ってもらいます。

2 手前を下に折ります。

3 左右を下に折ります。

4 手前を下に折ります。

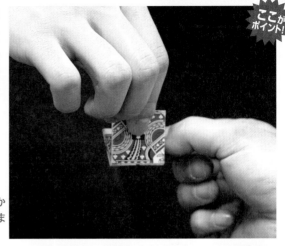

5 ここで相手に「確か
に裏向きで持っていま
したね」と確認します。

6 下に折った部
分を手前から相手
側に開きます。

7 左右を開きます。

9 カードが表向
きになってしまい
ました。

8 下部分を手前に開きます。

この
マジックの
コツ

何度も繰り返し練習していると、折り目に癖が付くので演じやすくなって
いきます。素早く折って開いて見せましょう。

2 から 5 は、持っている相手に目をつぶってもらうほうが、より不思議さ
が増して効果的です。

名前入りカードを使って相手が引くカードを予言する

同じ名前が書かれたカードを上手く選ばせるのがコツ

いろいろな名前の付いたカードの中から、相手が選ぶカードを予言します。説明では外人の女性の名前を書いていますが、どんな名前でやってもかまいません。

マジック を始める前に タネや仕掛けを準備しよう！

　ジョーカーを抜いたトランプ52枚のうち、20枚のカードの裏面にそれぞれ違った名前を書きます。残りの32枚の裏面には、すべて同じ名前（説明ではサマンサ）を書きます。

　トップ側に違った名前のカードを20枚、ボトム側に同じ名前のカードを32枚セットします。そして紙に「あなたはサマンサを選びます」と書き、折りたたんでおきます。

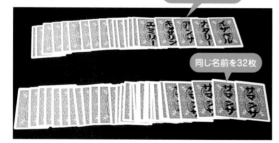

違った名前を20枚

同じ名前を32枚

あなたはサマンサを選びます！

自分 からはこう見えています LET'S TRY!

ここがポイント！

1 紙をテーブルに置き、「ここには、今からあなたの選ぶカードを予言した紙があります」と言います。

2 「好きなカードを指さしてください」と言ってカードを表向きに広げますが、上から32枚目までのカードを選んでもらうようにします。

3 指差されたカードを表向きのまま
テーブルに置きます。

4 予言の紙を開くと「あなたはサマンサを選びます」と書
いてあるので、相手は戸惑った顔をするはずです。

5 「実はこのカードには1枚ずつ名前が付い
ています」と言って、デックを裏向きにします。

6 トップから「これはイザベル…これはアンナ
…」と1枚ずつ名前を言いながらカードを置いて
いきます。

7 だいたい15枚ほどカードを置い
たところで、「あなたの選んだカード
のお名前はなんでしたか？」と言いま
す。相手の選んだカードを見てもらう
と「サマンサ」と書いてあります。

**この
マジックの
コツ**

マジックをはじめる前にはデックを表向きに置き、**1**から**4**までは裏の
名前が見えないように注意しましょう。

2のとき、カードを全部広げてしまうと違う名前のカードを選ばれてしまう
ので、ボトム側から少しずつ広げましょう。

MAGIC No.3 　難易度 ★★★

紙で包まれたトランプを ナイフで切ってカード当て

隙間が見やすいようにカードをしっかり曲げるのがコツ

紙で包んだカードの横からナイフを指し込んで、相手の選んだカードを当ててしまいます。刃が切れないナイフを使って安全に行いましょう。

マジック を始める前に タネや仕掛けを準備しよう!

ナイフ（食事に使う安全なもの）と紙ナプキンを1枚用意します。

自分 からはこう見えています LET'S TRY!

1 相手にカードを渡してよく切り混ぜてもらいます。

2 カードを受け取ったら左手でデックの下を持ち、右手でパラパラとはじいていきます。

3 はじいている途中で「ストップ」をかけてもらいます。

ストップ!

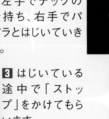

4 ストップのかかったところから2つに分け、左手のトップカードを覚えてもらいます。

ここが
ポイント！

5 このときに、右
手のカードを反対
側に曲げてしまい
ます。

6 左手のパケットの上に覚えても
らったカードを戻してもらいます。

7 右手と左手のパケットを重
ねると、相手のカードの上に隙
間ができます。

8 デックを紙ナプキンで包み
ます。

9 デックの上下を写真のよう
に持ち、力を加えると隙間が広
がります。

10 右ナイフを右手で持ち、隙
間に差し込みます。

11 ナイフを差し込んだところか
ら、ナプキンを破りながら2つに
分けます。

12 差し込んだナイフの下の
カードを見ると、相手の引いた
カードが現れます。

**この
マジックの
コツ**

2では、十分にカードを反らせながらはじきましょう。**カードが少し反るの
で、重ねたときに隙間が見やすくなります。**

紙ナプキンで包むときに、反りが戻らないように気をつけましょう。戻りそ
うになる前にナイフを差し込むのがポイント。

MAGIC No.4 難易度 ★★★

カードの中から×印が現れて 相手の引いたカードを当てる

のりを付けたカードがはがれないように押さえるのがコツ

相手の引いたカードの裏側に×印が現れます。塗るのりの量は、多すぎず少なすぎないように注意しましょう。

マジックを始める前に タネや仕掛けを準備しよう！

貼ってはがせるタイプのスティックのりを用意します。

1 ジョーカーの裏面に、油性ペンで大きく×印を書きます。

2 ジョーカーの表面の上下2カ所にのりを塗ります。

3 準備したジョーカーをデックのボトムにセットします。

自分からはこう見えています LET'S TRY!

1 準備したデックを裏向きに広げて、相手に1枚選んでもらいます。

2 右手でデックの下から4分の3ほど取り出し、ヒンズーシャッフルをします。

ストップ！

3 シャッフルの途中で相手に「ストップ」をかけてもらいます。

ここが
ポイント！

4 ストップのかかったところで、相手のカードを裏向きのまま戻してもらいます。

5 右手のカードをそのまま重ねます。このとき、ボトムにセットしたジョーカーが相手のカードに貼り付きます。

6 デックの上と下を両手の親指で押さえて、しっかりと貼り付けます。

7 カードを広げていくと×印の付いたカードが現れます。

8 ×印のカードからデックを分けて、×印のあるほうをトップにします。

9 トップに持ってきた×印のカード（実際は2枚）を表向きにすると、相手の引いたカードとなります。

**この
マジックの
コツ**

のりの量が少ないとペラペラはがれてしまうので注意。しっかり塗って貼り合わせるようにしましょう。

最後にさりげなく2枚をはがして、×印のカードにおまじないをかけてジョーカーに変わったように見せることもできます。

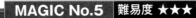

MAGIC No.5　難易度 ★★★

メッセージカードを使った入れ替わりのサプライズマジック

2枚のカードがずれないように封筒から取り出すのがコツ

ポチ袋に入っている普通のカードがメッセージカードに変わってしまいます。誕生日などに最適なサプライズマジックです。

マジック を始める前に タネや仕掛けを準備しよう！

カードがちょうど収まるサイズのポチ袋2袋とカードを2枚用意します。

1 ポチ袋の中央を切り抜き、中身が見えるような窓をつくります。

2 1枚のカードの裏面にポチ袋の紙を切り取って貼り付けます。

3 もう1枚のカードの表面にメッセージなどを書いたシール、または紙を貼り付けます。

4 ポチ袋にメッセージを書いたカードを表向きに入れます。

5 メッセージを書いたカードの上に、紙を貼ったカードを表向きに入れます。

6 これで準備完了です。

自分 からは こう見えています **LET'S TRY!**

ここが
ポイント！

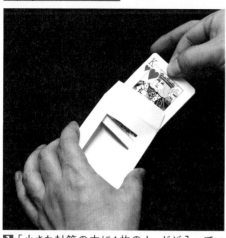

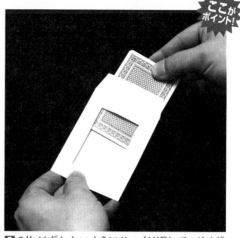

1 「小さな封筒の中に1枚のカードが入っています」と言って、2枚を一緒に引き出します。

2 2枚がずれないようにひっくり返して、ポチ袋に再度入れます。

3 裏面が見えているカードだけを引き出すと、ポチ袋の中には何も入っていないように見えます。

4 カードの表面を見てみると、メッセージが現れます。

このマジックのコツ

1 では、カードをポチ袋の端に添わせるように引き出し、2枚のカードがずれないように気をつけましょう。

非常に簡単な仕掛けなので、マジックが終わったらすぐに封筒を片付けてしまいましょう。

MAGIC No.6 | 難易度 ★★★

2枚を重ねて押し込むと 絵札に変身するカード

二等分したカードの切れ目を隠して持つのがコツ

カードの数字とマークがもう1枚のカードの陰で少しずつ変化していきます。とてもインパクトのある入れ替わりのマジックです。

マジック を始める 前に タネや仕掛けを準備しよう!

絵札1枚、数字カード2枚、横に二等分したカード1枚と両面テープ。

1 数字カードの裏3辺に両面テープを貼ります。

2 もう1枚の数字カードを**1**のカードと貼り合わせます。

3 二等分したカードの裏に、小さく切った両面テープを写真の2カ所に貼ります。

4 絵札の表に**3**を貼り付けます。

5 裏向きにした数字カードのポケットに、二等分したカードの角を差し込みます。

6 二等分したカードの両面テープがはがれないように、写真の位置まで押し込みます。

7 絵札が見えないように左手の親指で隠し持ちます。

ここが
ポイント!

自分 からは こう見えています **LET'S TRY!**

1 手首をかえして、2枚のカードの両面を見せます。

2 二等分したカードがポケットから外れないように、2枚を直角に交差させます。

3 カードを両手で持って写真のように支えます。

4 両手の人指し指でカードを押すと、絵札に変わりながらカードが出てきます。

6 裏向きのカードをひっくり返すと、絵札に変わっています。

5 全部押し込んだら、手首を返して反対側を見せます。

このマジックのコツ

1から**4**までは、二等分したカードがずれて相手に絵札のカードが見えてしまわないように注意しましょう。

5で相手にカードの反対側を見せることでどこにもタネや仕掛けがないように見えるので、忘れずに手首をかえしましょう。

MAGIC No.7 | 難易度 ★★★

デックの中に仕込んだカードが 相手の持ち上げた枚数を当てる

トップから20枚以内を持ち上げてもらうのがコツ

マジシャンと同時に1枚ずつカードを置いていきますが、「あなたのカードはここで終わります」と書かれたカードが出たときに相手のカードがなくなります。

マジック を始める前に タネや仕掛けを準備しよう!

　ジョーカーにシール、または紙を貼って、「あなたのカードはここで終わります」と書きます。このカードをトップから21枚目に入れておきます。

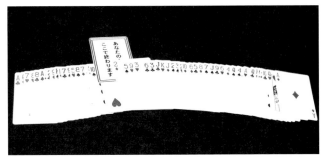

自分 からはこう見えています LET'S TRY!

ここがポイント!

このとき、仕込んだカードを持ち上げられてしまわないように注意しましょう。20枚以内を持ち上げてもらわなければ、このマジックは失敗してしまいます。

1 相手に「だいたい3分の1くらい持ち上げてください」と言います。

2 持ち上げたカードは、何枚あるか分からないようにテーブルの下に隠してもらいます。

3 「わたしは20枚使います」と言って、トップから1枚ずつテーブルに置いていき20枚取ります。

4 相手にテーブルの下から1枚ずつカードを出してもらいます。こちらも相手が出すのに合わせて、テーブルの上のカードを1枚ずつめくっていきます。

5 相手が最後の1枚を出したときに、「あなたのカードはここで終わります」と書かれたカードが現れます。

**この
マジックの
コツ**

相手が21枚目に入れたカードを持ち上げてしまうと失敗してしまうので、20枚以下でなければいけません。

20枚以上ありそうなときは「それだと3分の1以上ありそうなので、もう一度持ち上げてください」と、あらためてお願いしましょう。

MAGIC No.8 難易度 ★★★

バラバラに破いたカードを
指先の超能力で探し出す

折り曲げる枚数目を間違えないようにするのがコツ

破かれたカードの中から、指先の感覚で相手の引いたカードを探し出します。新品のトランプはもったいないので、できるだけ使い古しのものを使いましょう。

マジック を始める前に タネや仕掛けを準備しよう!

紙袋とカードを 3 枚用意します。この 3 枚のカードの数字だけ覚えておきましょう。マークは覚えなくて構いません。

自分 からは こう見えています **LET'S TRY!**

1 相手に1枚のカードを引いてもらいます。（ここではスペードの6を引いたとします）

2「後ろを向いていますので、引いたカードをしっかり覚えてください」と言って後ろを向きます。このとき、残った2枚のカードを見て相手が引いたカードを把握します。

3 持っている2枚のカードを相手に渡し、引いたカードと一緒に切り混ぜてもらいます。

4 相手からカードを受け取り、表向きに広げて見せます。

5 「この中のどれか1枚が、あなたの引いたカードですね」と言いながら相手の引いたカードをさりげなく中央にします。

6 3枚を裏向きにして半分に破ります。

7 破ったカードを重ねてさらに半分に破ってしまいます。

8 「これで12枚のかけらになりました」と言います。

ここがポイント！

10 このとき、2枚目、5枚目、8枚目、11枚目のかけらを曲げてから紙袋に入れます。

9 「1枚…2枚…」と数えながら、かけらを紙袋に入れていきます。

11 紙袋を振って中のかけらを混ぜた後、手を入れて曲がったかけらを探し、真っすぐに伸ばしてから取り出します。

12 4枚のかけらを表向きにしてつなぎ合わせると、間違いなく相手の選んだカードです。

このマジックのコツ

9 でかけらを曲げるときは、相手から見えないように紙袋に手を入れてから曲げるようにしましょう。

折り目を付け過ぎて怪しまれないようにしましょう。10 で紙袋から取り出すときは真っすぐに伸ばすのを忘れずに。

MAGIC No.9 | 難易度 ★★★

裏返すと1枚が別のカードに！シェルカードを使ったマジック

シェルカードの切れ目が見えないように持つのがコツ

シェルカードを使って相手の目を騙すマジックです。手順をよく確認して、見せ方を間違えないように気を付けましょう。

マジック を始める前に タネや仕掛けを準備しよう！

2枚目のカードに付けるシェルカードをつくります。

1 写真のように角だけ切り取った2のカードの横をテープでつなぎ合わせます。上にはテープを半分だけ貼っておきます。

2 半分だけ貼ったテープを内側に折りながら、横につなげたカードを貼り合わせます。

3 右と下の辺だけ開くようになっているので、キングの左上にはめ込みます。

4 これで準備完了です。

自分 からはこう見えています LET'S TRY!

1 シェルカードをはめたキングを1と3で挟みます。

2 カードの境目から絵札が見えてしまうので、写真のように持って境目を隠します。

3 「ここにクラブの1から3があります」と言った後、そのまま手首を返して裏向きに持ち直します。

4 「1枚ずつ確認していきましょう」と言って、まずはクラブの1をめくって確認します。

ここが
ポイント！

5 次にクラブの3をめくります。

6 最後にクラブの2（シェルカードをはめたキング）をめくりますが、シェルカードを左手で押さえてキングだけ引き抜きます。

7 表を向けて相手に渡し、クラブの2がキングに変化したことを確認してもらいます。

8 相手にキングを渡した後、左手に持ったシェルカードをパーム（隠し持つこと）します。

9 「種も仕掛けもありませんので確認してみてください」と言って残りのカードを相手に渡します。

**この
マジックの
コツ**

シェルカードをはめるときはしっかり深く差し込み、シェルカードの境目が見えないように気をつけましょう。

マジックの最後には3枚のカードを渡して、確認している間に左手に隠し持ったシェルカードをポケットに入れてしまいましょう。

MAGIC No.10 | 難易度 ★★★

捨てたはずのカードが戻る!? 不思議なテン・カウントマジック

捨てる順番と手順をしっかり覚えるのがコツ

10枚のカードを使ったマジックを見せたいのですが、何枚捨てても11枚になってしまいます。事前の準備と手順をよく確認しておきましょう。

マジック を始める前に タネや仕掛けを準備しよう!

トップから順に、スペードのクイーン、絵札以外のカード9枚、スペードの10、表向きのクラブのクイーン、表向きのハートのクイーン、クラブの10の計14枚をセットします。

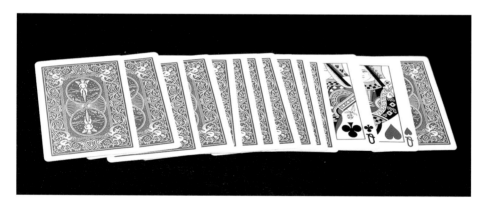

自分 からは こう見えています **LET'S TRY!**

1「これから10枚のカードを使ったマジックをお見せします。では枚数を確認しておきましょう。1枚…」と数えながらトップカードを表向きにひっくり返してボトムに入れます。

2 続けて「2枚…3枚…」とボトムに回していきますが、11枚目まで数えると表向きのカードが現れるので、見ている人は全部で11枚あるように錯覚します。

3「1枚多かったので取り除いておきましょう」と言い、一番上のカードを捨てます。

ここがポイント!

4 残ったカードをひっくり返してもう一度数えてみますが、11枚目に表向きのカードが現れるので、まだ11枚あるように見えます。

5「まだ11枚ありますね」と言い、一組をひっくり返してから、一番下のカードを捨てます。

6「今度こそ大丈夫だと思いますが、念のためにもう一度数えてみましょう」と言い、同じようにトップからめくっていきますが、またしても11枚あるように見えます。

7 最後にめくったカードを捨ててから相手にパケットを渡します。枚数を数えてもらいますが、やはり11枚あります。

このマジックのコツ

カードを捨てるときには、上から捨てたり、下から捨てたりするので、間違えないように気を付けましょう。

1枚目と3枚目はそのまま上から、2枚目は裏返して一番下から捨てることを覚えておきましょう。

はてなマークに隠された
不思議な力を使ったマジック

ちょうど20枚で「?」の形を完成させるのがコツ

「?」の形に並べられたカードの中から導き出されたカードが、見事に予言されています。数学的な原理を使った不思議なマジックです。

マジック を始める前に タネや仕掛けを準備しよう!

トップから 21 枚目のカードを覚えて、そのマークと数字を紙に書きます。予言が見えないように、紙はたたんでおきます。(説明上、ハートの 8 とします)

21枚目。

自分 からはこう見えています LET'S TRY!

ここがポイント!

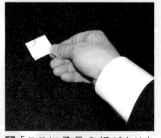

1「ここに予言の紙があります」と言って、紙をテーブルの上に置きます。

2 デックを裏向きに持って適当に上から4分の1くらい(20枚以下)を持ち上げてもらいます。

3 残ったカードの上から1枚ずつ配って、「?」
の形に並べていきます。

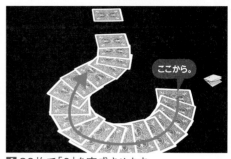

4 20枚で「?」を完成させます。

ここから。

5 相手に**2**で持ち上げたカードの枚数を数え
てもらいます。

6 「?」の下の点を1と数えて、相手の持ってい
る枚数目のカードを見ます。

7 仮に11枚持っていたと
きは、点から11枚目のカード
を開いて見せます。予言の
カードを開いて的中している
ことを見せます。

この
マジックの
コツ

はじめにトップから21枚目のカードを覚えますが、1枚でも数え間違えな
いように注意しましょう。

「?」の形に並べるときに、20枚を声に出して数えてはいけません。相手
には適当な枚数だと思わせましょう。

MAGIC No.12 | 難易度 ★★★

エースがエースを呼ぶ
ストップカードマジック

ボトムにあるエースを見られないように置くのがコツ

事前に仕掛けをして手順通りに進行すれば、2枚のエースがとなり同士になります。手順をしっかり覚えて失敗しないようにしましょう。

相手 からは こう見えています まずは**どんなマジック**か見てみましょう!

1️⃣ まずはエースを2枚取り出して残りをシャッフルします。

今なら変えられますが、ここでよろしいですか?

2️⃣ これからカードを1枚ずつ置いていくので、好きなところでストップと言ってください。

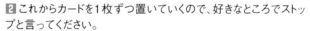

3️⃣ 1枚のエースを表向きに重ねて残りのカードを上に重ねます。

4️⃣ では同じようにカードを置いていくので、もう一度ストップをお願いします。

5️⃣ エースが入っている場所はあなたがストップをかけたところです。

6️⃣ そしてとなり合ったカードも、もしかするとあなたが呼んだカードかもしれません。

LET'S TRY!

リフルシャッフルでデックを混ぜることで、トップとボトムのエースの位置が変わらずにシャッフルすることができます。

「ここでいいですか？」と聞くことが大切です。要望があれば変更してもかまいません。

1 トップとボトムにエースを仕込みます。最初に2枚のエースを選び出すときに、さりげなく配置できると良いです。

2 カードをトップから1枚ずつテーブルに置きます。10〜20枚くらい置いたところでストップをかけてもらいエースを上に載せます。

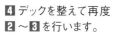
ここがポイント！

3 次に残りのカードを重ねます。このとき、テーブルに置いたエースとボトムにあるエースが向かい合う形になります。

4 デックを整えて再度 **2**〜**3** を行います。

5 成功していれば、エースの上にそれぞれエースが重なっています。

このマジックのコツ

リフルシャッフルをするとき、ボトムカード（仕込んだエース）を見られないように注意しましょう。

最後に取り出すエースのとなりのカードは、必ず右側のカード（エースの上に乗っているカード）を取り出しましょう。

息を吹きかけると消える!?
エースの瞬間移動

どちらを選ばれても上手く対応して演出するのがコツ

難しいテクニックは使わないので、スムーズな動作とカードを選ばせるときの演出を考えながら何度も練習しましょう。

相手 からは こう見えています まずは**どんなマジック**か見てみましょう!

1…2…3…4枚ありますね?

1 4枚のエースがあります。

2 裏返して4枚のエースを並べます。その上に3枚ずつカードを重ねていきます。

前ですね?こちらはあなたが持っていてください。

3 カードをそろえて中央を前、両端を後ろに分けますので好きな方を選んでください。

4 では後ろの2組のうちどちらか選んでください。

このカードをさらに重ねます。

5 今私が持っている4枚にはエースが1枚あり、あなたの12枚にはエースが3枚入っていますね。それでは、カードに向かって息を吹きかけてください。

6 今3枚のカードが入れ替わりましたが見えましたか?あなたのカードからエースがなくなり、私のカードはすべてエースに変わってしまいました。

自分 からは こう見えています LET'S TRY!

1 4枚のエースを見せるとき、余分に3枚カードを開きます。4枚をそろえると同時に下の3枚も一緒にそろえます。

2 そろえた合計7枚のカードの下に小指でブレイクします。ブレイクしたところからこのようにつかみます。

3 左手の親指を使ってエースを1枚ずつ引っ張り、デックに裏返していきます。

4 3枚裏返した時点で残りはこのようになっています。まとめてデックに戻してから最後の1枚を裏返します。

5 この状態で上からカードを置けば、1枚だけエースが置かれます。次に出るカードはエース3枚なので、先に置いたエースの上から3枚ずつ乗せていきます。

6 次の手順で相手が中央（前）を選んだ場合、そのまま相手に渡します。両端（後ろ）を選んだ場合は「こちらは使いません」と言って自分が持ちます。つまり、エース4枚が残るようにします。

ここがポイント！

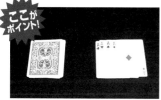

ここがポイント！

7 次は状況に応じて対応します。相手にカードがあるときにエースを選んでしまったら「ではこのカードは残しましょう」と言ってエースじゃない方を渡します。すべてのパターンを覚えて指示を決めておきましょう。

8 お互いにカードを手に持ち、エースを持っていない方が息を吹きかけてカードを開きます。

このマジックのコツ

エースを1枚ずつ数えるとき、裏向きに重なったカードが見えないように相手側に少し傾けると効果的です。

相手が選んだものに合わせて、次の指示を変える必要があります。自分なりに対処法を考えて上手く対応しましょう。

一瞬でカードが一番上に!? アンビシャスカード

カードのマークを意識させないようにするのがコツ

デックの一番上にある2枚のカードを真ん中に入れて、指を鳴らすと再び一番上に上がってきます。難しそうに見えますが、目の錯覚を使った簡単なマジックです。

相手 からは こう見えています **まずはどんなマジックか見てみましょう!**

1 ここに黒の8と9があります。

2 この2枚を真ん中に入れてしまいます。

3 デックをそろえて指を鳴らしてあげると…。

4 8と9が再び上に上がってきました。

自分 からは こう見えています LET'S TRY!

1 最初からデックのトップにスペードの8とクラブの9、クラブの8とスペードの9を置きます。

2 デックを手に持ち、トップから2枚のカードを相手に見せますが、あまり長い間見せずに「黒の8と9があります」といいます。

マークを覚えさせないために、ちらっと見せてすぐにデックの中に入れます。色と数字だけに注目させましょう。

3 見せたカードをデックの中に入れます。入っている位置を広げて見せたら、デックを整えてテーブルの上に置きます。

4 指を鳴らしてトップの2枚をめくります。実際にはマークと数字が別々のカードですが、相手は「黒のカード」で「8と9」と記憶しているのでマークの違いに気が付きません。

このマジックのコツ

相手に2枚のカードを見せるときは、「黒」「8と9」の2点だけ説明しましょう。マークを覚えさせないための暗示になります。

始める前にカットやシャッフルをする場合、トップの4枚がずれないように混ぜましょう。混ぜることによって不思議さが増します。

選んだカードが
裏返った状態で瞬間移動

5枚のカードをスムーズに数えるのがコツ

選んだカードの入ったカードの束から、入っていないはずのカードの束へ1枚だけ裏返って瞬間移動するマジック。

相手 からは こう見えています **まずはどんなマジックか見てみましょう!**

1 よくシャッフルされたカードの中から1枚選んでもらい束の中に戻します。

2 カットした後、当たりカードが入っていると思われるカードを5枚取り出します。表向きにしてほかのカードと重ね合わせておきます。

3 束の半分を取り、5枚のカードを1枚ずつ確認します。

4 5枚のカードを裏返しにして、ほかのカードとまとめます。おまじないをかけると、上から5枚のカードの中に選んだカードはなくなっています。

5 残ったカードの束をスプレッドすると選んだカードだけが裏返って移動しています。

LET'S TRY!

1 選んでもらった カードを戻してもら うとき、右手に持っ たパケットのボトム カードを覚えます。

2 何度かカットしますが、覚えたカードの次にあ るカードが当たりカードになります。

3 当たりカードの前後2枚ずつ、合計5枚の カードを抜き取ります。

4 表向きの5枚のカードと半分のカードの束を重ね右手に持ちます。。

⑤ 5枚のカードを1枚ずつ右手から左手へ移しながら数えて、3枚目のカード（当たりカード）を左手に移したとき、そのカードの下にブレイクをつくります。

⑥ 4枚目のカードを数えるとき、3枚目のカードを右手にあるカードの束の下に移します。

⑦ 5枚数え終わったとき左手にあるカードは5枚ではなく4枚のカードになります。

⑧ 半分のカードを戻し、4枚のカードを裏返しにして、残りのカードの上に重ね合わせます。

⑨ 当たりカードは上5枚のカードの中には無く、残った束の中に裏返った状態になっています。

このマジックのコツ

5枚のカードを確認するときは、右手から左手へカードを移すようにしましょう。

カードの確認のとき、当たりカードを左手に移したときブレイクをつくっておきましょう。

裏表に混ぜたカードが簡単に元に戻る

裏表ランダムに分けているように見せるのがコツ

裏表に混ぜたガードを、交差しながら並べ、さらにおまじないをかけると元通りになってしまうマジック。

相手 からはこう見えています **まずはどんなマジックか見てみましょう!**

1 カードを何度シャッフルしても実はそんなに混ざっていません。

2 完全に混ぜるにはカードの裏表を何度か入れ替えることでカードはバラバラに混ざった状態になります。

3 見ての通り、デックの中身は裏表が混ざってしまいました。

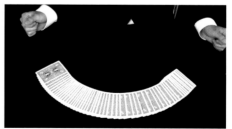

4 バラバラになったカードをまとめて、指を鳴らしておまじないをかけると…。

5 裏表混ざっていたはずのカードが元に戻っています。

自分 からは こう見えています LET'S TRY!

ここが
ポイント!

1 まずは上から10枚ぐらいカードを裏向きのまま右手に取ります。

2 次も同じように10枚ぐらいのカードを取っていきますが、カードを受け取るときに右手を裏返します。

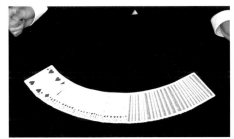

3 2の動作を繰り返しすべてのカードを重ね合わせると、デックの半分のところで裏表のカードの集まりに分かれます。

4 裏表に分かれているところから分けて持ち、左右交互に並べていきます。

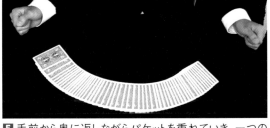

5 手前から奥に返しながらパケットを重ねていき、一つのデックにまとめると、すべてのカードが裏向きに戻ります。

この
マジックの
コツ

裏にしたカードを受け取るときは、**必ず受け取る手を裏表に反転させて受け取りましょう。**

カードを並べるときは、**腕を交差させ置き、カードがバラバラである印象をつけましょう。**

4枚のカードから1枚のカードを捨てても 3枚にならないカードマジック

準備しておいたカードを素早く使うのがコツ

4枚のカードから1枚のカードを何度捨てても4枚残ってしまうマジック。相手に仕掛けを見られないように手際よく演じることが大切です。

相手 からは こう見えています まずは**どんなマジック**か見てみましょう!

1 今度のマジックは3枚のカードを使うマジックです。ここに4枚のカードがあるので1枚捨てます。

2 1、2、3、4枚残ってしまいました。

3 もう一度1枚捨てます。1、2、3、4、また4枚残ってしまいました。

4 それではもう一度。また4枚残ってしまいました。

5 今度こそ3枚にしましょう。1、2、3、4、やはり4枚残ってしまいました。すみませんが、3枚にならないのでこのマジックを終わりたいと思います。

自分 からは こう見えています LET'S TRY!

1 まず、角をカットしたカードとそのままのカードをテープで貼り合わせます。これを4組つくります。

ここが ポイント！

4 カードを捨て終わったら一番上のカードを一番下に回してから枚数を数えます。

2 そのままのカードと同じマークと数字のカードを4枚用意し、**1**で用意したカードの間に挟みます。

3 そして1枚捨てるときに、一番上にあるカードに挟んだカードを角から抜いて捨てます。

5 この手順を4回繰り返して、どうしても3枚にならないので終了となります。

このマジックのコツ

1枚捨て終わった後は必ず一番上にあるカードを一番下にする動作を自然にできるようにしましょう。

枚数を数えるときは、素早く数えて手元に残っているカードをあまり見せないようにしましょう。

45

MAGIC No.18 | 難易度 ★★★

カードが上下に移動する エレベーターカードマジック

トップカードを重ねてカードをスライドさせるのがコツ

1から3の3枚のカードが、エレベーターのようにデックの中を上下に移動して現れます。ブレイクしたトップカードを利用したマジックです。

相手 からは こう見えています　まずは**どんなマジック**か見てみましょう!

1 ここに3枚のカードがあります。

2 スペードのエースと2、3のカードですね。

3 1枚ずつ、もう一度ご確認ください。1枚目はスペードのエース、2枚目はスペードの2、最後はスペードの3。間違いありませんね。

4 では、この3枚のカードを順番に並べます。

5 一番最後に並べたカードの上に、残りのカードを載せます。今、3のカードはこの一番下にありますが、少しずつ上昇して、一番上に移動しました。

6 次に真ん中のカードです。今度はこのカードを、残ったカードの一番上に載せます。カードはトランプの中を移動して、一番下から出てきました。

7 最後のカードは、残ったカードの真ん中へ差し込みます。今度もカードは移動をして、一番上から現れました。

自分 からは こう見えています LET'S TRY!

１ 相手に1枚ずつ確認して
もらう前に、デックの上に3
枚のカードを一度載せます。

2 このとき、トップカー
ドの下にブレイクをつ
くり、その上に表を向
けた3枚のカードを載
せます。

ここが
ポイント!

3 ブレイクしたカードと3枚のカードを1つに合わせ、エースから順に相手に見せていきます。見せ
たカードは裏にして一番下（4枚目）へ移動させます。

4 3枚のカードを見せ終えたら、4枚のカードを裏にしてデックの上に載せます。このとき、先ほどブ
レイクしたカードは一番上にあります。このままで、3枚のカードを順に並べます。

5 並べられたカードの一番目には、最初の3枚目とは無関係のカードが置かれています。

真ん中にはエース、最後に2のカードが並んでいます。

手元のデックの一番上に、3のカードが移動しています。これで仕掛けは完了です。

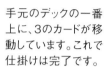

6 最後に置いたカードの上にデックを載せ、カードの角を下からはじきます。カードが上へと移動してきたと説明し、一番上のカードを開きます。

7 次に真ん中に置かれたカードをデックの上に載せ、カードの角を下方向にはじいて、移動したことを伝えます。一番下のカードを開くとスペードの2が現れます。

8 最後のカードはデックの中へ差し込み、こちらも移動したようにカードをはじいて、一番上のカードを開きます。スペードのエースが現れました。

このマジックのコツ

カードをスライド移動するために、トップカードをブレイクして重ねます。カードが4枚あることに気づかれないようにしましょう。

カードを開く順番をしっかりと覚えましょう。手順を間違えなければ、誰にでもできるカードマジックです。

MAGIC No.19 | 難易度 ★★★

選んだカードの束の上には必ずエースが現れる

相手が自分でカードを選んでいるように思わせるのがコツ

シャッフルしたカードを好きなところで分けてもらっても、必ずエースが4つの束の一番上に現れるマジックです。

相手 からはこう見えています まずは**どんなマジック**か見てみましょう!

1 カードをシャッフルします。

2 シャッフルしたカードを2つに分け、片方を選んでください。

3 こちらのカードを2つに分けますので、途中でストップをかけてください。

4 ではこちらのカードをさらに2つずつに分けます。

5 4つに分けられたカードにおまじないをかけると、4枚のエースが一番上に現れます。

自分 からは こう見えています **LET'S TRY!**

ここが
ポイント！

1 エースを4枚上に重ねておいたデックを裏返してシャッフルします。そのときエースが混ざらないように上半分をシャッフルします。

2 2つに分けてもらい片方を選んでもらいますが、必ずエースのある方を選択します。エースの無い方を選んだときは、捨てカードとします。

3 左右に1枚ずつカードを配ると、2つの山の下から1、2枚目はエースとなります。途中でストップをかけてもらい、残ったカードはよけておきます。

4 それぞれの山をさらに2つに分けることで、それぞれの束の一番上にエースがきます。

このマジックのコツ

カードをシャッフルするときは、エースの近くは動かさないように、上半分をシャッフルしましょう。

選ばれたカードの山にエースがないときでも、自然に捨てカードとして選んだように振る舞えるようにしましょう。

MAGIC No.20 難易度 ★★★

簡単な仕掛けでインパクトのある初心者向けカードプロダクション

素早く均等に左右の手首を振るのがコツ

デックから一瞬で4枚のキングを取り出すマジック。仕掛けは単純ですが、成功させるにはテクニックが必要です。

相手 からはこう見えています **まずはどんなマジックか見てみましょう！**

1 このカードの中から、一瞬のうちに4枚のキングだけを抜き取りますので、よく見ていてください。

2 デックを持つ手が水平に振られると、右手に2枚のカードが握られています。

3 残りのカードがテーブルの上におろされると、左手に2枚のカードが握られています。

4 両手に残った4枚のカードを同時に開くと、すべてキングのカードです。

自分 からは こう見えています LET'S TRY!

ここが
ポイント！

１ 仕掛けは簡単です。あらかじめ4枚のキングを用意
します。

２ デックのトップとボトムに、それぞれ2枚の
キングを重ねます。

３ 指でデックの上下をしっかり押さえながら、手首を水平に振ります。トップカードとボトムカード以外の
デックを左手で受け取ります。

４ 右手には、キングのカード
が2枚残りました。

５ 今度は左手で、**３** の手順を行います。実際に行うときは、両手
が塞がっているので、残りのデックはテーブルに下ろします。

この
マジックの
コツ

デックを指で強く押さえて、手首を水平に振ると、**トップカードとボトム
カードだけをつまみ出すことができます。**

左右の手を広げて行えば、ダイナミックなパフォーマンスになります。**両
手**で同じ動きができるように、何度も繰り返し練習しましょう。

指示した通りに色がそろう！赤と黒の超能力マジック

相手がどちらの色を選んでも同じ色を出すのがコツ

相手の言った通りに並べたカードの色がすべてそろっているというマジックです。手順を間違えないように複雑な仕組みをよく理解しましょう。

相手 からはこう見えています　まずは**どんなマジック**か見てみましょう！

1 色を使った超能力マジックをはじめます。まず、赤と黒のカードを1枚ずつテーブルに置きます。

2 さっそく質問ですが、このカードは何色だと思いますか？

じゃあ……赤！

3 では赤の上にこのカードを置きます。

5 同じように赤の上に重ねます。この手順でどんどんカードを置いていきましょう。

これも赤！

4 続いてこのカードは赤、黒どちらですか？

黒！

赤！

6 ある程度置いた
らここで色を交換し
ます。また同じ手順
でカードを重ねてい
きます。

7 この辺でカード
がどうなっているか
確認してみましょう。

8 間に挟まっていた赤と黒のカードを取り出して残りを広げると…カードはそれぞれ赤と黒に分か
れています。

9 もう片方のカードは…もちろん、赤と黒に分かれていました。

LET'S TRY!

1 まず、赤と黒のカードを1枚ず
つ置きます。色が重要なので数
字はどれでもかまいません。

2 相手に色を言っ
てもらいますが、デッ
クから提示するカー
ド は す べ て 黒 の
カードを選んで置
いていきます。

ここが
ポイント!

3 正しくない方のカードを4〜5枚置いたところで、色の配置を交換します。

4 再度、色を言ってもらいカードを置いていきますが、今度はすべて赤のカードを選んで置きます。

5 正しくない方をある程度置き終えたら、縦に並んだカードをまとめます。

6 自分から見て左側のパケットは相手が言った色のカードが正解しているので、全体を裏返して裏向きの2枚を引き抜き、その上にそれぞれの色を置きます。

7 同じように残りのパケットも確認しますが、こちらは色が逆になっています。2枚を引き抜いたら赤と黒を入れ替えて置きます。

8 残った赤と黒の束を並べて、相手の言った色が全部正解したように見せます。

**この
マジックの
コツ**

相手がどちらの色を言っても最初は黒のカードを、色を入れ替えた後は赤のカードを裏向きに伏せていきましょう。

最後に裏向きのカード2枚（赤と黒のカード）をめくるときは、指をスライドさせて色を入れ替えましょう。

サンドイッチで カード当て

怪しまれないようにトランプをシャッフルするのがコツ

相手の選んだカードを2枚のカードを使って当てるマジックです。比較的簡単にできますがとてもインパクトがあります。

相手 からはこう見えています **まずはどんなマジックか見てみましょう!**

1 この中から1枚カードを選んでください。

2 残りのカードをシャッフルしますので、好きなところでカードを入れてください。

3 次にあなたのカードを見つけ出すカードを2枚選んでもらいます。

4 ちなみに一番下と一番上のカードは選んだカードではありませんね?

5 それでは2枚のカードでデックを挟み選んだカードを見つけてもらいましょう。

6 デックを右手に放り投げると、2枚の間に1枚カードが重なって出てきます。

7 選んだカードはこれですね?

自分 からは こう見えています LET'S TRY!

1 オーバーハンドシャッフルでデックを混ぜているように見せかけて、相手の選んだカードをコントロールしています。※ここではクラブの3。

2 選んでもらったカードの上に6枚カードを乗せて、7枚目をインジョグ（少し手前にずらす）し、そのままシャッフルします。

3 インジョグから下のパケットを引き抜き、さらに5枚カードを取って残りをそのまま重ねると、選んだカードはトップから2枚目になります。

4 デックを挟む2枚のカードを選んでもらうために1枚ずつシャッフルすると、ボトムから2枚目に移動します。

ここがポイント!

5 ボトムカードとトップカードを相手に見せて、デックの中へ入れます。これにより相手の選んだカードがボトムにきます。

6 選んでもらった2枚のカードを重ねて、親指でトップ、人差し指でボトム、中指で相手のカードを押さえます。そのままデックを投げると、選んだカードだけ手元に残ります。

このマジックのコツ

一連の動作をスムーズに行うのが大切なので、精度の高いオーバーハンドシャッフルを心がけましょう。

デックを投げてカードを引き抜く動作は、見た目以上に簡単です。手首のスナップをきかせて投げましょう。

あなたの選んだカードは○○枚目にあります

仕込んだカードが出てくるまで演技をするのがコツ

相手の選んだカードが上から何枚目にあるか当てるマジックです。相手は好きなところで分けたはずなのに当てられてしまうのでとても驚きます。

相手 からはこう見えています まずは**どんなマジック**か見てみましょう!

1 まずはカードをよくシャッフルします。

2 カードを1枚選んでください。これはお互いに覚えましょう。

3 デックを半分に分けて真ん中に入れます。

今は26枚目にあります。

4 私は普段からトランプを触っているので、今ハートの5が何枚目にあるか当てることができます。

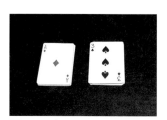

5 さらに当てづらくするために、半分ほど持ち上げてとなりに置き、残りを重ねてください。

今3枚目にきているので見てみましょう。

6 これでも私は何枚目にハートの5があるのかわかります。

この通り、上から3枚目にハートの5がありました。

自分 からは こう見えています LET'S TRY!

1 どのマークでも良いので、1〜13までそろえたカードを一番下にセットします。※ここではスペード。

2 はじめにシャッフルしましたが、下4分の1（同じマークの13枚）は持たず、半分ぐらいを持ち上げてシャッフルしています。

3 カードを選んでもらうときは、ボトムの13枚から取られると困るので上の方で選んでもらうようにします。

4 上半分をテーブルに置き、選んだカードを重ねて残りのカードを乗せます。※実際には裏向きに重ねます。

6 次にデックを持ち上げてもらい、最初にセットしたスペードのカードが出るまで繰り返します。

ここがポイント！

5 「今だいたい○○枚目（どこでも良い）にカードがあります」と言いながら、さりげなくデック全体を表向きにします。

7 2〜3回やっても出なかったらデックを手に取り「今は○○枚目ぐらいですね」と言って間をつなぎましょう。

8 スペードが出たらデックをまとめ、カードに書かれた数字の枚数目を指定します。ここではスペードの2が出たので上から2枚目に選んだカードがあります。

このマジックのコツ

お客さんが複数人いる場合は、目印となるマークのカードが出るまで順番に違う人にカットをお願いしましょう。

なかなか出てこないときは「もう少し上にあるかもしれません」など、相手への指示を変えていきましょう。

カードを眺めているだけで 見事に選んだカードを的中

選んだカードの束の枚数を覚えるのがコツ

3つに分けた束から好きなカードを1枚選んでもらい、そのカードをすべてのカードを眺めるだけで当てるマジック。

相手 からは こう見えています まずは **どんなマジック** か見てみましょう!

1 デックを3つに分けてもらい、その中から好きな束を選び、さらにその中から好きなカードを覚えてください。

2 それぞれの束を混ぜてください。

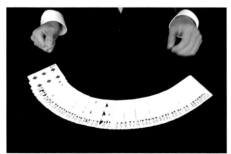
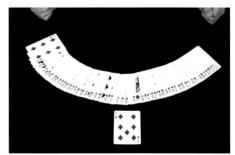

3 覚えてもらったカードを探したいと思います。

4 あなたの選んだカードはこのカードですね?

自分 からは こう見えています **LET'S TRY!**

1 束の中からカードを選んでもらうときに、カードの枚数を数えておきます。そして選んだカードは外しておきます。（選んだカードはスペードのエース、束の枚数14枚）

2 相手が **1** で選んだ束以外を手に取り、一番下のカード（クラブの9）を素早く確認したら、そのカードが束の一番上に来るようにシャッフルします。

3 ほかの2つの束は相手にそれぞれシャッフルしてもらいます。

4 自分がシャッフルした束の上に、選んだカードが入っていた束（パケット）を重ね、その上に選んだカードを重ね、最後に余った束を重ねます。

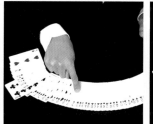

5 何度かカットし、すべてのカードを広げます。

6 覚えたカード（クラブの9）から14枚目が相手の選んだカード（スペードのエース）となります。

**この
マジックの
コツ**

最後にカードを当てるとき、数を数えていることをさとられないようにしましょう。

カードを選んでもらうときに、自然にカードの枚数を数えることができるように心掛けましょう。

初心者にピッタリ！
簡単トリックの簡単マジック

赤と黒のカードをそろえておくのがコツ

選んでもらったカードを、カードの束の中から選び出します。とても簡単なマジックで、初心者向けです。

相手 からはこう見えています まずは**どんなマジック**か見てみましょう！

1 カードを1枚選んでもらい、カードを戻します。

2 2、3回カットをします。

3 あなたの選んだカードはこちらですね。

自分 からは こう見えています **LET'S TRY!**

ここが ポイント!

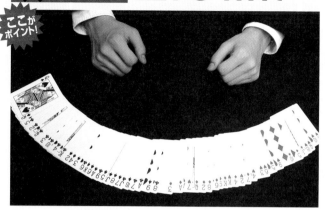

1 カードを赤の束、黒の束に分けてそろえておきます。

2 カードを選んでもらうとき、束の上半分から選んでもらうと、赤のカードになります。

3 カードを戻すときは下半分の黒の束の方に戻します。

4 何度かカットします。

5 1枚だけ黒の束の中に赤のカードがあります。このカードが相手の選んだカードになります。

この マジックの コツ

カードを選んでもらうときは束の上半分から選んでもらうように、カードを開きましょう。

カードを束に戻すときは、選んでもらったカードと違う色がそろっている下半分の位置に戻すようにしましょう。

箱の中で何かが起こる！
選んだカードがひっくり返る

仕掛けのカードを箱の中に残して取り出すのがコツ

カードの束より1枚選んでもらい、そのカードを束に戻して箱の中へ。箱におまじないをかけると選んだカードだけ裏返っています。

相手 からは こう見えています **まずはどんなマジックか見てみましょう！**

1 カードの束の中から1枚カードを選んでください。

2 選んだカードを束の中へ差し込みます。

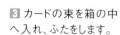 カードの束を箱の中
へ入れ、ふたをします。

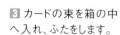 箱におまじないをかけながら、回転させま
す。

5 箱の中よりカードを取り出します。

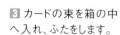 選んだカードだけひっくり返っています。

ここが ポイント!

LET'S TRY!

1 カードの束の一番下のカード1枚を裏返しておきます。

2 選んだカードを覚えてもらっている間にカードの束をひっくり返し、裏返したカードを一番上にします。

3 選んでもらったカードを束の中に戻します。このとき、束の中では一番上のカードと戻したカードの2枚だけが裏返っています。

4 そのまま箱の中にカードの束を入れます。

5 おまじないをかけるように箱を右手から左手に投げて回転させます。

6 箱の回転を数回繰り返し、箱の裏面が手の内側に来るところで終わりふたを開けます。

7 箱を開けたとき、手前には最初に裏返したカードがあります。

8 箱からカードを取り出すとき、裏返っているカードを左手でおさえ箱の中に残しておきます。

9 取り出したカードをスプレッドします。

10 選んだカードのみ裏返っています。

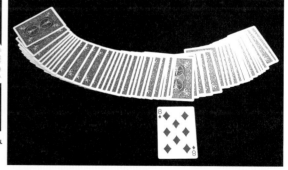

**この
マジックの
コツ**

選んでもらったカードを覚えてもらっている間に、カードの束をひっくり返す動作は自然にできるようにしましょう。

箱から取り出すときは裏返っている一番下のカードのみを残せるように、箱の表裏どちらにそのカードがあるか間違わないようにしましょう。

しっかりシャッフルしても 選んだカードをピタリと当てる

カードの向きをそろえておくのがコツ

少ないカードを使うマジックですが、しっかりとシャッフルしても選んだカードをピタリと当てることができるマジックです。

1 1枚カードを選んでください。

2 選んだカードを束に戻します。

3 しっかりとシャッフルします。

4 この中からあなたの選んだカードを当てます。このカードですね。

自分 からは こう見えています LET'S TRY!

ここが ポイント!

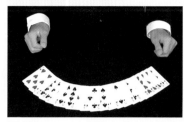

1 上下でマークの向きが異なるカードを集めて、上下の向きをそろえておきます。

2 選んだカードは上下反対になるように束に戻します。

3 上下が変わらないようにしっかりとシャッフルします。

4 カードの束の中で1枚だけ上下反対になっているカードが選んだカードとなります。

この マジックの コツ

あらかじめ上下のあるカードを選んでおき、すべて上下をそろえておきましょう。

選んだカードを戻すときは、必ず上下が逆になるように束の中に入れましょう。

MAGIC No.28 　難易度 ★★★

予言通りのカードが現れる！
紙とペンを使ったマジック

予言のカードを取るときの向きがコツ

紙に予言したカードをペンで書きます。予言を書いた紙をカードの束に差し込むと、紙の上下に予言したカードが現れます。

相手 からは こう見えています 　まずは**どんなマジック**か見てみましょう！

1 カードをしっかりとシャッフルしてください。

2 一度カードを暗記します。

3 暗記が終わりましたので、紙に予言を書きます。

4 予言の紙をカードの束に差し込んでください。

5 では予言の紙を確認します。スペードの6とハートの5ですね。

6 予言の紙とその上下にあるカードをオープンします。予言の紙に書かれたスペードの6とハートの5になります。

自分 からは こう見えています LET'S TRY!

1 カードを暗記するときにボトムのカードとトップのカードを覚えます。

2 **1**で覚えたカードが相手に見えないように気を付けて紙に書き、テーブルの上に伏せておきます。

3 束のほぼ中央に紙を挟んでもらいます。

4 紙が挟まれているところから右手と左手に分けて持ちます。そのとき左手の上に紙がくるように持ちます。

5 紙に書かれている内容を確認するときに右手のカードをひっくり返して、左手にある紙をめくり確認し、そのまま右手のカードの上につき出るように紙を置きます。

ここがポイント！

6 左手にあるカードを右手のカード（紙が乗っている状態）の上に重ねます。

7 予言の紙は、最初に覚えたボトムとトップのカードに挟まれている状態になります。

このマジックのコツ

後で予言の紙に書かれた内容を確認するために、予言を紙に書くときは相手に見えないように書きましょう。

予言の紙に書かれた内容を確認するときは、必ず右手のカードの束を裏返しにして紙をめくりましょう。

相手の選んだカードが飛び出す

カードを挟みやすいように緩めの輪ゴムを使うのがコツ

輪ゴムを使って相手の選んだカードを当てるマジックです。カードに輪ゴムを回すとき、スムーズにできれば成功します。

相手 からはこう見えています まずは**どんなマジック**か見てみましょう!

1 あなたがシャッフルしたデックの中から1枚カードを選んでもらいます。

2 選んだカードを半分に分けたデックの上に置き、軽くデックをカットします。

3 デックに輪ゴムをかけ、一度だけカットします。

4 1、2、3の合図でカードが飛び出してきます。

5 このダイヤのエースは、あなたの選んだカードですね?

自分 からは こう見えています　LET'S TRY!

1 相手に選んでもらったカード（今回はスペードの7）を、だいたい半分に分けたデックの上に置いてもらいます。

2 残り半分のデックを上に重ね、選んでもらったカード（スペードの7）が一番上にくるように、トップコントロールをします。

ここが
ポイント！

3 デック全体をひっくり返します。このとき一番下にあるカード（スペードの7）をブレイクします。

4 ブレイクしたカード（スペードの7）以外に輪ゴムをかけ、輪ゴムをかけたデックの半分を右側にずらし、輪ゴムのかかっていないカードを挟むように残り半分のデックと重ね合わせます。

5 デックを持った手を少しずつ緩めていくと、選んでもらったカードが飛び出してきます。

**この
マジックの
コツ**

トップコントロールとブレイクを、流れの中で確実に**行えるようにしま**しょう。

きつい輪ゴムを使うとデックがうまく重ならないので、少し緩めの輪ゴムを用意しておきましょう。

箱の中に入れた
カードを当てる

箱が怪しまれないように注意するのがコツ

箱の中に入れたカードを当てるマジックです。箱の向きを間違えなければ比較的簡単にできます。

相手 からは こう見えています **まずはどんなマジックか見てみましょう!**

1 シャッフルしてもらったカードの中から1枚カードを選んでください。(スペードの7)

2 選んだカード(スペードの7)をテーブルの上に伏せたまま置いてください。残りのカードと一緒に箱の中にしまいます。

3 箱を軽く振り、手のひらで透視します。あなたの選んだカードはスペードの7です。

自分 からは こう見えています LET'S TRY!

穴はここに
あける。

1 箱の隅にカードの種類と数字が分かるようにきれいに穴をあけておきます。

ここが
ポイント！

2 選んでもらったカードを伏せてテーブルの上に置き、残りのカードは必ず上に重ねます。

3 箱に穴のあいていない側を見せながらカードをしまいます。

4 箱にカードをしまうときや、箱を軽く振るときに中のカードを穴から確認します。

5 箱をテーブルの上に置き、手のひらで透視するふりをしてカードを言い当てます。

次のマジックをする
ときは、箱ごとカード
を入れ替えましょう。

**この
マジックの
コツ**

トランプのマークと数字が分かる穴をカッターなどできれいにあけておきます。

マジック終了後は素早く箱ごとカードをしまい、違うカードを使って次の
マジックに移行します。

MAGIC No.31 　難易度 ★★★

目当てのカードが上昇する ライジングカード

小指を使ってカードを持ち上げるのがコツ

相手が選んだカードがデックの中から静電気によって出てくるマジックです。演技力と小指を使ったテクニックでカードの動きを操りましょう。

相手 からは こう見えています 　まずは**どんなマジック**か見てみましょう!

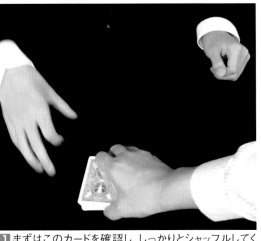

1 まずはこのカードを確認し、しっかりとシャッフルしてください。

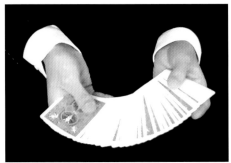

2 この中からカードを1枚選んで、覚えておいてください。

3 カードを戻しても
らったら、2、3回カット
します。

4 さて、ここで静電気を起こしてその力を借り
たいと思います。

5 指先に発生した静電気によって、1枚だけ
カードが引っぱられています。

6 カードが少しずつ上昇してきました。これはあなたが選んだカードで間違いありませんか?

自分 からは こう見えています **LET'S TRY!**

1 相手に選んでもらったカードを、2つに分けたカードの一番上に戻してもらうとき、目的のカードの上（今回はハートのジャック）に小指でブレイクします。

2 ブレイクの上のカードを半分くらい持ち上げテーブルの上に置き、さらに残った半分を重ねます。手に残ったパケットのトップには相手の選んだカードがあるので最後に重ねます。

3「静電気を起こします」と言って、指で袖を激しくこすります。実際には静電気は起きませんが、その指をデックの上に移動させ、静電気が発生しているような演技をします。

**ここが
ポイント！**

4 右手の小指を使っ
て目的のカードを上へ
押し上げます。相手か
らはカードに触れていな
い人差し指だけが見え
ています。

5 目的のカードが押し上げられたら、デックから引き出して、相手に見せます。

**この
マジックの
コツ**

目的のカードを小指でブレイクし、素早く2、3回カットして、デックの一番
上に移動させましょう。

小指でカードを上へ押し上げるとき、デックの上辺が相手から見えない
よう、全体を少し手前に傾けると効果的です。

MAGIC No.32 | 難易度 ★★★

カードをヒントにした カード当て

用意したカードを選んだカードに重ねるのがコツ

デックの中の1枚だけ裏返ったカードをヒントに、選んだカードを当てるマジックです。思いがけないサプライズなマジックも飛び出します。

相手からはこう見えています まずは**どんなマジック**か見てみましょう!

1 この中から1枚カードを選んでください。

2 選んだカード（クラブの9）をデックの上に置き、一度だけシャッフルします。

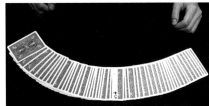

3 デックの上で指を鳴らすと1枚だけ裏返ります。

4 裏返ったカードは選んだカードではありません。実はこのカードはヒントになります。裏返ったカード（スペードの5）からカードの数字の枚数だけ進んだところに選んだカードがあります。クラブの9ですね。

5 さらにヒントとなるカード（スペードの5）とクラブの9の間のカードはすべてエースのカードとなります。

自分 からは こう見えています　LET'S TRY!

ここが
ポイント!

1 デックのボトムから5枚目に裏返したスペードの5、1～4枚目にエースを置きます。

2 カードを1枚引いてもらい、残ったデックの半分をテーブルに置きます。引いたカードをテーブルのカードの上に置き、手に持った残りのカードを重ねます。

3 デックを開くとスペードの5が裏返っていますが、これは選んだカードではないことを確認し、このカードはヒントとなるカードであることを伝えます。

4 ヒントとなるカード(スペードの5)から下の部分を上にしてデックをつくり、スペードの5から順番に5枚のカードをテーブルに並べます。

5 5枚目のカードが選んだカードになりますと、カードをめくります。さらに、ヒントとなるカードと選んだカードの間のカードをめくり、すべてエースのカードとなっていることを見せます。

このマジックのコツ

選んだカードの上に仕込んだカードがくるように、カードを重ね合わせましょう。

カードを選んでもらうときに、デック下の方にある裏返ったカード(スペードの5)が見えないようにしましょう。

ハンカチを使った カードの脱出

脱出するカードが出やすいようにケースに入れるのがコツ

選んだカードがハンカチに包まれたカードケースから出てくるマジックです。ハンカチのたたみ方をしっかり練習しましょう。

相手 からは こう見えています　まずは**どんなマジック**か見てみましょう!

1 カードを選んでもらい（ハートの6）デックの中に入れます。

2 軽くデックを混ぜて、箱の中にしまいます。

3 カードの入った箱をハンカチで包み、上下にゆするとカードが出てきます。

4 選んだカードはハートの6ですね。

84

自分 からは こう見えています LET'S TRY!

ここが
ポイント！

1 選んだカード（今回はダイヤのキング）をトップコントロールしています。

2 箱に入れるとき、トップカードと残りのデックの間にフラップを差し込みます。

3 箱にハンカチをかぶせたとき、箱を持った手の親指で選んだカードを上にずらし、ハンカチの上からつまんで取り出します。一度ハンカチの中から箱を出して、箱を見せましょう。

4 抜き取ったカードと箱の間にハンカチがくるようにして一緒に包みますが、抜き取ったカードのみ落ちてくるように包みます。

5 ハンカチを上下にゆすると相手の選んだカードのみ落ちてきます。

この マジックの コツ

トップコントロールしたカードだけ箱から取り出せるようにふたをする動作を自然にできるようにしましょう。

カードと箱の包み方を間違えるとカードが落ちてこないので、しっかり練習しましょう。

MAGIC No.34 　難易度 ★★★

キーカードを使った カード当て

カードを置くときは指でしっかりと感触を確かめるのがコツ

デックの中から、選んだカードを当てるとってもシンプルなマジックです。特に難しいテクニックを必要としない簡単マジックです。

相手 からは こう見えています まずは**どんなマジック**か見てみましょう!

1 この中から1枚カードを選んでください。

2 選んだカード(ダイヤの8)をデックの上に置き、3回ほどカットします。

3 1枚ずつしっかりとカードをテーブルに置いていきます。

4 あなたの選んだカードはダイヤの8ですね。

自分 からは こう見えています **LET'S TRY!**

1 2枚のカードを貼り合わせたキーカードを1枚用意して、デックの一番下に置いておきます。

2 選んだカードをデックの上に置き、その上にキーカードが重なるようにカットします。

3 1枚ずつカードの端を指ではじくようにしてテーブルに置いていきます。

ここがポイント！

4 2枚重なっているので少し硬いキーカードが出てきたら、その次のカードが選んだカードになります。

このマジックのコツ

カードをテーブルの上に置くときは、カードの厚さを確かめるためカードの端を指ではじくようにしてテーブルの上に置きましょう。

選んだカードの上にキーカードが必ずくるようにカードを重ね、怪しまれないように数回カットしましょう。

MAGIC No.35 | 難易度 ★★★

スペードのエースが時を指す！
マジック時計の文字盤

カードの配列を素早く、正確に準備するのがコツ

頭に浮かんだ時間をスペードのエースがピタリと当てます。そのほかの時間はなんとすべて赤のマークでそろっています。

相手 からは こう見えています　まずは**どんなマジック**か見てみましょう！

5時を選んだので箱に5枚入れます。

1 私は後ろを向いていますので、1時から12時の間で頭に浮かんだ時間の枚数だけデックの上から取り、箱の中にしまってください。

2 残ったカードから時計の時間に合わせ12枚のカードを取ります。カードを1時の位置から順に並べ時計の形にします。

3 あなたが選んだのは5時ですね。5時のカードをめくるとスペードのエースが時間を指しています。そのほかの時間はすべて赤いカードになっています。

4 箱の中のカードの枚数を確認します。カードは5枚あります。

自分 からは こう見えています LET'S TRY!

1 赤いカード12枚、裏面の中心に小さな印を付けたスペードのエース、赤いカード12枚、この順番で並べたカードをデックの上に置きます。

ここが
ポイント！

3 12枚のカードを、今度は1時の位置から順番に並べていきます。このとき、印を付けたスペードのエースが何時に置かれたか確認しましょう。

2 デックから相手が頭に浮かべた時間と同じ枚数のカードを箱の中にしまってもらったら、残ったカードを上から1枚ずつ、12枚のカードをテーブルに置いていきます。

4 印の付けたスペードのエースが置かれた位置が相手の選んだ時間です。そのほかの時間には赤いカードが並びます。

この
マジックの
コツ

スペードのエースのカードには、カードの中心にサインペンなどであらかじめ小さな印を付けておきます。

必ず先に12枚のカードを1枚ずつテーブルに置き、その12枚のカードを順番に並べて時計の形に並べます。

ハンカチで隠したカードの束から
覚えた2枚のカードを取り出す

ジョーカーを抜くときに、2枚のカードを移動させるのがコツ

よくシャッフルしたカードの束の中から選んだ2枚のカードを、ハンカチで隠した
カードの束から取り出すマジック。

相手 からは こう見えています まずは**どんなマジック**か見てみましょう!

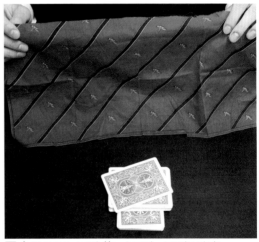

1 カードの束を半分に分けてください。
分けたカードは置いておきます。

2 今回はハンカチを使ったマジックになります。

3 では半分に分けたところのカード2枚を覚えてください。

4 二つの束を一つにまとめて、
しっかりとシャッフルしてください。

⑤ デックの中にジョーカーが2枚入っていますが、今回は使いませんので取り出します。

⑥ ハンカチをかぶせて持ちます。

⑦ まず1枚目はこのカードですね？

⑧ もう一度デックを渡しますのでよくシャッフルしてください。

⑨ 再度、ハンカチをかぶせて持ちます。

⑩ 2枚目はこちらのカードで間違いありませんね？

1 カードの束の上に当たりカード2枚を置いておきます。

2 カードの束を2つに分けてもらい、左側にあるカードの束を横にして右側のカードの束の上に置きます。そうすることで上にあった2枚のカード（クラブの6と9）は、束の分かれ目にきます。

3 ハンカチを使うマジックだと説明してから、束の分かれ目にあるカード2枚を覚えてもらいます。（クラブの6と9になります）

ここがポイント!

4 シャッフルしてもらった束の中からジョーカー2枚を取り出すときに、当たりカード（クラブの6と9）を束の一番上に移しておきます。

⑤ ハンカチをかけた状態で、トップのカードを
袖口へ隠しておきます。

⑥ ２枚目のカードを取り出して、まずは１枚目の
当たりとします。

⑦ 再度シャッフルしてもらったカードの束にハン
カチをかぶせ、カードを探しているふりをします。袖
口からカードを取り出し、２枚目の当たりとします。

この
マジックの
コツ

ハンカチを使ったマジックだと説明することで、はじめに分けたカードの
束が上下入れ替わったことを気付かれないようにしましょう。

ジョーカーを取り出すときに一緒に行う当たりカードの移動は、手際よく
できるようによく練習しましょう。

自分の置いたペンが 選んだカードをピタリと当てる

カードの向きをそろえておくのがコツ

4枚のエースの中から選んだ1枚のカードを、自分で置いたペンがピタリと当ててしまうマジックです。

相手 からは こう見えています **まずはどんなマジックか見てみましょう!**

1 4枚のエースのカードから1枚選んでください。選んだカードを元に戻しシャッフルします。

2 4枚の中から選んだカードを見つけたいのですが、わからないのでペンを使ってカードを選んでいきます。

3 2枚のカードに重なるようにペンを置いてください。

4 残った2枚のカードの1枚をペンで指してください。

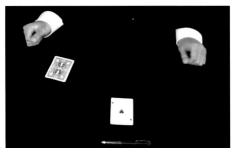

5 残った1枚が選んだカードになります。

自分 からは こう見えています LET'S TRY!

ここが
ポイント!

1 4枚のエースのカードのうち3枚は上下のあるカードなので、向きをそろえておきます。

2 選んだカードを戻すとき、上下を反対にして戻します。上下の無いダイヤを選んだ場合は、どのカードの向きも変わりません。

3 カードを伏せて並べるときに正解のカードの位置を覚えておきます。

4 2枚のカードの上にペンを置いたとき、正解のカードの上にペンがあるときはその2枚のカードを残します。正解のカードがないときは、ペンが上にあるカードを捨てカードとして選びます。

5 次に2枚残ったカードのときも同様に、正解のカードを選んだときはそのカードを使い、違うときは捨てカードとして選びます。

6 残った1枚のカードが正解のカードとなります。

**この
マジックの
コツ**

選んだカードを戻すときには、必ず上下反対になるように戻し、すかさずシャッフルしましょう。

正解のカードの上にペンがあってもなくても、自然な流れでカードを選択できるようにしましょう。

マジシャンにはお見通し! 引いたカードを瞬時に当てる

うまくカードをつまみ上げるのがコツ

相手の引いたカードをデックの中央から、瞬時に当ててしまうマジック。とても簡単なトリックです。

 **相手** からは こう見えています **まずはどんなマジックか見てみましょう!**

1 好きなカードを引いて覚えてください。

2 そのカードをデックの上に置いたら、カットします。

3 デックの中央から、「はい、こちらのカードですね」。

自分 からは こう見えています LET'S TRY!

違和感がないように、枠に
ぴったりと貼り付けます。

1 内側の枠に沿って絵札を切り取り、もう1枚の絵
札に貼り合わせてボトムに置きます。

ここが
ポイント!

2 引いてもらったカードをデックの上に置
き、デックの下半分をその上に置きます。

3 軽くカットしたデッ
クを横から見ると、仕
掛けのカードのとこ
ろに隙間ができてい
ます。

4 テーブルの上に
置いたデックを隙間
のところからつまみ
上げると、分けたとこ
ろに引いたカードが
きます。

このマジックのコツ

デックを横に傾けると隙間が見られてしまうので、できるだけカードが
傾かないように気を付けましょう。

隙間を見つける動作と、隙間からカードをつまみ上げる動作は、素早
くできるように練習しましょう。

好きな数字のところから相手の引いたカードが現れる

確実にトップコントロールすることがコツ

デックの中央に入れたカードが、相手の選んだ枚数目から現れるマジックです。トップコントロールが決め手となります。

相手 からはこう見えています **まずはどんなマジックか見てみましょう!**

1 シャッフルしたカードの中から1枚選んでもらい、デックの中央に戻してカットします。

2 10から20までの間で好きな数字を選んでください（今回は12）。その数字の枚数を持ち上げてください。12より少ないので、足りない分を足します。

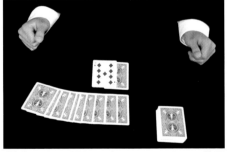

3 もう一度12枚持ち上げてみてください。今度は多いので、多い分は戻します。

4 実は先ほど選んでもらったカードは12枚目にあります。

自分 からは こう見えています LET'S TRY!

1 選んでもらったカードを、デックの中央に入れトップコントロールします。

2 デックの上から持ち上げてもらったカードを順番に数えます（今回は13）。相手が選んだ数字より足りないときは足りない分を足し、多いときは多い分を捨てます。

3 数えたカードを一度そろえますが、選んだカードが13枚目に来るように重ねます。

ここがポイント！

4 次にもう一度持ち上げてもらい枚数を数えます。**2** のときと同様に枚数を合わせます。

5 選んだカードは13枚目に来ている状態なので、ピタリと当てることができます。

このマジックのコツ

選んだカードがデックの一番上に来るように、トップコントロールを確実に行いましょう。

相手が選んだ数の枚数になるように、カードの枚数を調整しましょう。

封筒に入った大きなカードで 選ばれるカードを予言

大きなカードで見えないようにするのがコツ

封筒の中には大きなカードが1枚入っています。選ばれるカードは封筒の中の
カードと同じカードとなります。

相手 からは こう見えています **まずはどんなマジックか見てみましょう！**

1 よく混ぜたカードの束を1枚ずつ置いていき
ますので、ストップをかけてください。

2 ストップしたときのカードはどちらに置きます
か？好きなほうを選んでください。

3 では封筒から予言のカードを取り出します。

4 もし、もう1枚カードを置いていたらこちらの
カードとなります。

5 あなたがストップをかけたカードは、封筒の中の大きな予言のカードと同じカードになります。

自分 からは こう見えています　LET'S TRY!

1 封筒の中には大きな予言のカードと、その下に予言のカードと同じカードを入れておきます。

2 封筒から取り出すときは2枚同時に取りだし、左側のカードの束を覆うように持ちます。

ここがポイント!

3 右側のカードを確認してもらっている間に、左のカードの束の上に、大きなカードの下に隠しておいたカードを置きます。

4 左のカードを開くと予言のカードと同じものになっています。

**この
マジックの
コツ**

封筒から出すときは下にあるカードが見えないように**持ちましょう**。

カードを下の左の束に置くときは、右の束のカードに注意が向くようにして置きましょう。

マジシャンがカードをたたき落とすと選んだカードだけが残る

残したいカードを一番下に重ねるのがコツ

相手の持っている数枚のカードをマジシャンがたたき落とすと、選んだカードだけが残るマジック。

相手 からはこう見えています **まずはどんなマジックか見てみましょう!**

1 よくシャッフルされたカードの束から1枚選んでください。

2 そのカードを束の中に戻しカットします。

3 選んだカードは、おそらくこのカードの中にあると思います。

4 この数枚のカードを親指で押さえるように持ってください。

5 今からマジシャンがこのカードをたたき落とします。

6 1枚だけ落ちないで残りました。

7 ではそのカードを確認してみてください。

8 選んだカードだけ残りました。

ここが
ポイント！

1️⃣ 選んでもらったカードをここに戻してくださいと言いながら、右手のカードを確認します。

2️⃣ 軽くカットしますが、上下は変わらないので、確認したカードの下のカードが相手の選んだカードとなります。

3️⃣ 当たりカードが一番下にくるように10枚ぐらいを選び「この中にあなたの選んだカードがあると思います」と言います。

4 選んだカードの束を
親指で押さえるように
持ってもらいます。

5 そのカードの束を上からはたくと、抵抗の関係で一番下のカードだけが手元に残ります。

6 残ったカードを確認してもらうと、相手の選んだカードとなります。

**この
マジックの
コツ**

選ぶカードは多くても少なくても失敗します。当たりカードが一番下にくるように 10 枚ぐらいを選びましょう。

選んだカードの束は親指で押さえるようにして、しっかりと持ってもらいましょう。

MAGIC No.42 難易度 ★★★

まるで水と油のように 混じり合わない赤と黒のカード

赤と黒のカードの入れ替えを素早く行うのがコツ

使うのは赤と黒、それぞれ3枚のカード。ポイントは2枚のカードを素早く交換すること。一連の動きの中でスムーズにカード交換ができれば簡単です。

相手 からはこう見えています まずは**どんなマジック**か見てみましょう!

1 このマジックは赤と黒、それぞれ3枚のカードを使います。

2 左右に置いた赤と黒それぞれのカードを1枚ずつ、中央に並べていきます。

3 赤と黒のカードを交互に並べたので、当然カードの色は混ざり合っているはずです。

4 並べ終えたらそれを一つに重ね合わせ、おまじないをかけます。

5 最後に表を上にして順番に並べていきますが、赤と黒のカードは混ざり合っていません。

自分 からは こう見えています **LET'S TRY!**

1 赤のカード3枚と黒のカード3枚を用意します。それぞれのカードの表を何度か相手に見せて確認してもらいます。

2 そのままの状態でカードを裏にし、左右のカードを近づけます。この状態でもう一度表を見せても、まだカードは赤のグループと黒のグループのままです。

3 **2**を何度か繰り返したら、赤と黒の隣り合う2枚のカードを素早く入れ替えます。このとき、相手のほうを見ながら入れ替えると気づかれません。

ここがポイント！

4 2枚のカードを入れ替えたので、実際には赤のグループに黒が1枚、黒のグループに赤が1枚混ざっています。

5 左右に置いたカードを1枚ずつ中央に並べていきます。このとき、カードは少しずつずらして並べ、赤と黒が混ざり合っていることを強調します。

6 おまじないをかけて、カードを3枚ずつ左右に並べてみると、ご覧の通り赤と黒のカードは混ざり合っていません。

このマジックのコツ

裏にした赤と黒のカードを手元で離したり、近づけたりしながら、相手の視線がカードから外れた瞬間に2枚のカードを入れ替えましょう。

カードの数字は問いませんが、赤、黒、それぞれの色の割合が多い8や9のカードを使うと、より効果的に見せることができます。

MAGIC No.43 | 難易度 ★★★

上にあった4枚のエースが
おまじないですべてキングに変わる

エースのカードの見せ方がコツ

デックの上にあった4枚のエースが、おまじない 一つで4枚のキングに変わってしまうマジックです。

相手 からは こう見えています まずは**どんなマジック**か見てみましょう!

1 今回はエースのカード4枚を使います。

2 エースを1枚ずつ確認しましょう。

3 確認が終わったので、上から4枚のカードを並べます。

4 おまじないをかけてカードを開くと、すべてキングのカードになっています。

自分 からは こう見えています LET'S TRY!

「4枚のエースを使います」
といったときに4枚のキン
グをブレイクします。

1 エースのカード4枚、キング
のカード4枚の順番で重ねて
おきますが、このときキングの
カードの下にブレイクをつく
ります。

2 エースのカードを確認してもらう
とき、キングのカードも一緒に持ち
あげます。

3 確認した
エースのカー
ドはキングの
カードの下に
します。

4 上から4枚のカードを並べると、すべてキング
のカードになっています。

このマジックのコツ

キングのカードの下にブレイクをつくり、エースのカード4枚とキングの
カード4枚をきれいに重ねて持ちましょう。

確認してもらったエースのカードは裏返しながら、キングのカードの下に
滑り込ませることができるように練習しましょう。

MAGIC No.44 | 難易度 ★★★

高得点を自在に操る マジシャンのポーカー

カードを配る順番を間違えないようにするのがコツ

マジシャンがディーラーになると、自分のところだけ1番点数の高い「ロイヤルストレートフラッシュ」がそろっています。

相手 からは こう見えています **まずはどんなマジックか見てみましょう！**

1 普通ポーカーをすると1回カードを配っただけではそれほど大きな手にはなりません。

2 ではマジシャンが本気でディーラーを務めてみます。

3 なんとマジシャンだけロイヤルストレートフラッシュがそろってしまいます。

自分 からは こう見えています LET'S TRY!

1 はじめにロイヤルストレートフラッシュのカードをトップに用意します。

2 一度配るとすべての人のボトムにロイヤルストレートフラッシュに必要なカードがきます。

ここが
ポイント！

3 **2**のカードを順番に重ねると、5、10、15、20、25枚目にロイヤルストレートフラッシュのカードがきます。

4 次にカードを配るとき、ディーラーが最後になるように配ります。するとディーラーのところがロイヤルストレートフラッシュになります。

このマジックのコツ

はじめにロイヤルストレートフラッシュのカードを用意して、カードの一番上に仕込んでおきましょう。

2回目に配るときは必ずディーラーが最後になるように配りましょう。

順番を入れ替えたはずなのに
何度やっても規則正しく並ぶカード

2枚のカードを入れ替えたように見せかけるのがコツ

入れ替えのトリックを使ったマジックです。あたかも2枚のカードが入れ替えられたように見せるテクニックは、初心者でも簡単にできます。

相手 からはこう見えています まずは**どんなマジック**か見てみましょう!

1 ここに1から13まで規則正しく並んだカードがあります。この中から好きな数字を言ってください。

2 「5」ですね。「5」の前後は「4」と「6」ですが、どちらか好きなほうを選んでください。「4」ですね。これからカードを順番に並べていきます。1、2、3、それでは、この「4」と「5」のカードの順番を変えます。

3 13枚すべて並べ終えました。では、順番がどうなっているか確認しましょう。

4 1、2、3、4…。あれっ、入れ替えたはずなのに、おかしいですね。ほかも見てみましょう。

5 どこも入れ替わっていません。カードが整然と規則正しく並んでいます。

自分 からは こう見えています LET'S TRY!

ここがポイント!

1 相手に好きな数字を言ってもらい、その数字の前後どちらかの2枚を入れ替えたように見せかけます。

2 1、2、3、と数えながらカードを並べていきます。相手の選んだカードのところで、2枚同時に並べます。カードを入れ替えても、カードを並べる順番が替わった訳ではありません。（写真では分かりやすいようにカードの表を見せています）

3 ご覧の通り、入れ替わったように見えるだけで、カードはどこも入れ替わっていません。

4 13枚すべてのカードを並べ終えたら、一つにまとめて、今度は表を向けて1枚ずつ並べていきます。

5 カードを入れ替えたはずの場所を、相手に確認してもらいましょう。

このマジックのコツ

カードを入れ替えたように見せるには、目的の2枚のカードを同時に手に持ってから入れ替えることが重要です。

カードを入れ替えるときは、相手に「ここで2枚のカードの順番を変えます」と言って、入れ替えるところを見せましょう。

Check! ▶

MAGIC No.46 | 難易度 ★★★

カードが次々と変化する!?
3枚のカードを使ったマジック

あまり多くを語らずにスマートに決めるのがコツ

赤のカードが黒のカードに変化して、1枚ずつ見ていくとすべて赤のカードに変わっているというマジックです。手順をよく覚えて何度も練習しよう。

相手 からはこう見えています まずはどんなマジックか見てみましょう!

一番上は赤のカードです。

1 赤のカードが1枚、黒のカードが2枚あります。

2 赤を一番上にして3枚をそろえます。しかし指を鳴らして1枚目をめくると…黒に変わります。

残りの2枚でカードをこすります。

赤のカードが消えました!

3 裏向きに戻して一番上のカードをテーブルに置きますが、カードをこすり合わせると残りも黒のカードになります。

 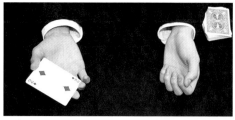

4 3枚そろえておまじないをかけます。すると一番下は赤になります。

5 一番上にあるカードも赤です。

6 真ん中のカードも…赤です。

7 これですべてのカードが赤に変わってしまいました。

LET'S TRY!

ここが
ポイント!

2 小指でボトムカード
の角を折り曲げて、上
から2枚のカードをめく
ります（ダブルリフト）。

1 赤のカードをトップにして3枚をそろえま
す。ほかの2枚は、似ているカード（9と10
や、絵札など）を選びましょう。

わかりやすいよ
うに表向きにし
ています。

3 トップカードを
テーブルに置き
ます。赤のカード
ですが、見てい
る人は別のカー
ドだと思ってい
ます。このとき、
先ほどめくった
カードと同じもの
を見ていますが、似ているカードを選んだので
気づかれることはありません。

4 「おまじないをかけます」のところで赤のカードを
一番下に入れて、少し間をあけて裏を見せます。こ
こから1枚ずつ赤に変化したように見せます。

5 トップカードを下にずらし、2枚
目のカードを上にずらしつつトップ
カードを戻します。

6 すると一番下（赤）のカードとトップカードが重なるので、重
なった2枚をひっくり返します。

8 そのまま抜き出して、一番下に置きます。その後、裏向きに返します。

7 2枚を戻して最後に真ん中のカード（赤）を開いて見せます。

9 手のひらを返して一番下を見せます。

10 上から1枚取って、もう一度手のひらを返します。

11 これを繰り返すことで、すべてのカードが赤のカードに変化したように見えるのです。

この
マジックの
コツ

現象をよく理解して完璧に演じることができるまで、人前では見せないようにしましょう。

少しでもカードがずれるとバレてしまうので、最初はゆっくり練習しましょう。鏡の前で確認するのも効果的です。

テーブルに置いたカードが別のカードに入れ替わるマジック

ブレイクしたカードを上手くスムーズに落すのがコツ

相手に見せたカードをテーブルの上に置き、おまじないをかけるとデックのトップカードと入れ替わるマジックです。正確な動作とスムーズな流れが大事です。

相手 からはこう見えています **まずはどんなマジックか見てみましょう!**

1 ここにハートの7があります。

2 裏向きに戻し、テーブルの上に置きます。

3 残ったカードをこちらの中に入れてしまいます。

4 ハートの7の横にデックを置きます。

5 指を鳴らしておまじないをかけると、デックの一番上のカードと入れ替わります。

自分 からは こう見えています LET'S TRY!

① デックを半分に分けて持ちます。

② 右手のパケットのボトムカードを親指でブレイクしておき、左手のトップカードをめくります。

ここがポイント！

③ めくったカードを裏向きに戻すと同時に、ブレイクしたカードを左手のトップに落とします。

④ 落としたカードをテーブルの上に置き、右手に持ったパケットを左手のパケットの中に入れます。

⑤ 相手がハートの7だと思っているカードは別のカードに入れ替わっており、横に置いたデックのトップに先ほどめくって見せたカードがきています。

このマジックのコツ

③ の動作がぎこちないと怪しまれてしまうので、カードを落とすタイミングをよく練習して覚えましょう。

④ では、左手のトップカードをデックの一番上にしたいので、間違って右手のパケットを上から重ねないように気を付けましょう。

黒2枚の間にある赤のカードが 黒カードをすり抜けて移動する

切り込みを入れたカードを上手に隠すのがコツ

黒のカード2枚と赤のカード1枚を用意します。あらかじめ赤のカードに入れた切り込みを使って、巧みにカードを移動させましょう。

相手 からはこう見えています **まずは どんな マジックか見てみましょう!**

1 ここにあるのは、黒のカード2枚、赤のカード1枚です。

2 ご覧のように、赤のカードは黒のカードの間にあります。

3 ではこの3枚のカードを少し強めに揺らしてみましょう。

4 するとどうでしょう、赤のカードが黒のカードをすり抜けてしまいました。

5 3枚のカードを、もう一度、揺らしてみます。

6 あらあら不思議。赤のカードは、また元の位置へ戻ってしまいました。

自分 からは こう見えています LET'S TRY!

ここに切り込み
を入れておく。

1 下準備として、赤のカードに切り込みを入れておきます。

2 3枚のカードを見せながら、**1**の切り込みに黒のカード1枚をさりげなく挟みます。その上にもう1枚の黒のカードを重ねて、切り込みを隠します。

3 黒2枚のカードの間に赤のカードがあることをアピールします。

ここが
ポイント!

4 3枚のカードを揺らしながら、一番上の黒のカードを親指で少し前に押し出します。すると赤のカードが一番下に移動したように見えます。もう一度カードを揺らしながら、移動させたカードを元の位置に戻します。

**この
マジックの
コツ**

はじめに3枚のカードを見せながら、相手から見えない位置で赤のカードの切り込みに黒のカードを挟みます。この動きが不自然にならないよう練習しましょう。

カードの位置が相手から見やすいよう、赤のカードは絵柄のある種類を使います。絵札であれば、あらかじめ入れた切り込みも目立ちません。

Check! ▶

MAGIC No.49　難易度 ★★★

エースの場所が入れ替わる スリーカードモンテ

エースの場所を信じ込ませることがコツ

3枚のカードのうち1枚あるエースの場所を当ててもらいますが、相手は必ず外してしまいます。簡単なテクニックを使った入れ替わりのマジックです。

相手 からは こう見えています 　まずは **どんなマジック** か見てみましょう!

1 赤のキングとスペードのエースを使います。

2 3枚のカードの真ん中にエースが入っています。そのまま1枚ずつテーブルに置いていきます。

キング…エース…キング…の順番です。

3 今からカードの場所を入れ替えていくので、最後にエースがどこにあるか当ててもらいます。

4 たいていの人はここを選ぶと思いますが…違います。本当のエースは真ん中にきていました。

自分 からは こう見えています **LET'S TRY!**

ここが ポイント！

1 3枚のカードの真ん中にエースを用意します。

2 カードを1枚ずつ置いていきますが、グライド（中指を使って一番下のカードをずらすこと）します。

グライドは簡単なテクニックです。詳しいやり方は7ページで紹介しています。

3 グライドして真ん中のエースから置き始め、エースを置いたらグライドを戻します。続いて残りの2枚を隣に置きます。

4 この時点で相手がエースだと思っているカードはキングです。

5 あとは本当のエースが真ん中になるように場所を入れ替えて、相手にエースがあると思う場所を選んでもらいます。

この マジックの コツ

グライドをスムーズにできることが大切です。重なったカードが不自然に見えないように気をつけましょう。

テーブルに置いたカードの場所を入れ替えるとき、エースが本当にある場所を忘れないようにしましょう。

MAGIC No.50 難易度 ★★★

異なる組み合わせのカードが入れ替わってペアになるマジック

仕掛けの手順をしっかり覚えるのがコツ

はじめに絵札を集めて一度ペアをつくります。1枚のカードを移動させて、仕掛けを整えておけば、誰にでもできるマジックです。

相手 からはこう見えています まずは**どんなマジック**か見てみましょう!

1 この2枚のカードの組み合わせは、バラバラですね。

2 次の2枚はどうでしょうか。

3 次の2枚もバラバラです。ほかのカードの組み合わせも、すべてバラバラですね。

4 ではここで、カードにおまじないを
かけます。

5 今度はどうでしょうか。2枚ずつ開けてみましょう。いつの間にか、ペアになっていますね。

6 ほかのカードはどうでしょうか？
次も開けてみましょう。

7 ご覧ください。すべてのカードが2枚ずつのペアになってしまいました。

LET'S TRY!

自分 からは こう見えています

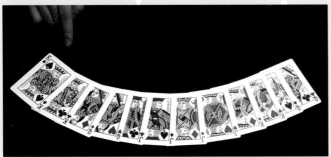

1 はじめに12枚の絵札を集めて、2枚ずつのペアをつくり並べます。

2 ここで先頭のカードを一番後ろへ移動させます。

4 カードを裏にして、2枚ずつテーブルに置いていきます。

3 次にカードを一つにまとめます。

スマホ・タブレットでマジック動画を見る方法

お手持ちのスマートフォンやタブレット端末のバーコードリーダー機能や二次元コード読み取りアプリで、本書に表示されているそれぞれのマジックの二次元コードを読み取れば、YouTubeにアップされているそれぞれのマジックのページに飛びます。

動画のまとめページはこちらです

https://youtube.com/playlist?list=PLX4BK9N6VBvwhAJonFelrN-VZ_
D_m2rHo&si=kpkeZ5T4_HdvG7xW

※一部収録できていないマジックもあります。
※二次元コードについては、お手持ちのスマートフォンやタブレット端末バーコードリーダー機能や二次元コード読み取りアプリ等をご活用ください。
※機種ごとの操作方法や設定等に関するご質問には対応しかねます。その他、サーバー側のメンテナンスや更新等によって、当該ウェブサイトにアクセスできなくなる可能性もあります。ご了承ください。

※YouTubeの視聴には、別途通信料等がかかります。また、圏外でつながらないケースもあります。あわせてご了承ください。
※マジック動画の権利は株式会社カルチャーランドと株式会社メイツユニバーサルコンテンツに属します。再配布や販売、営利目的での利用はお断りします。

5 このとき、カードの組み合わせはバラバラになっています。これでマジックの準備が整いました。

6 ここからマジックを開始します。

7 カードを2枚ずつ開いて、順番に見せていきます。このときカードは、バラバラになっているはずです。

ここが
ポイント！

9 あとはデックの上から2枚ずつ、テーブルの上に開いていきます。

8 すべてのカードを見せ終えたら、トップカードをスライドさせてボトムへ移動させます。

10 すべてのカードがペアになって現れました。

このマジックの **コツ**

バラバラのカードを相手に見せたあとで、相手に気づかれないようにトップカードをボトムへ移動させましょう。

隣り合うペアの組み合わせは自由。赤と黒のカードを交互に並べるとさらに効果的です。手順さえ間違えなければ、誰にでもできるマジックです。

[監修] 沢 しんや
札幌出身。トランプやコインなど身近な素材を使ったクローズアップ・マジックから、人間が浮いたり、消えたりするといったイリュージョン・マジックまで幅広いレパートリーを持つ。現在はステージ・イベントを中心にテレビやディナーショーで活躍中。

[副監修] 高野 太吾（だいご）
1998年生まれ。10歳のときにマジックと出会い、2009年からマジシャンとして活動を始める。2011年、大学在籍中に奇術サークルを設立。現在はクローズアップ・マジックやサロン・マジックを主体に、各種イベントにてパフォーマンスを行っている。

[編集] 浅井 精一、鈴木 誉大
[文] 鈴木 誉大、對馬 康志
[デザイン・制作] 垣本 亨、斎藤 美歩、平賀 丈愛、藤本 丹花
　　　　　　　　松井 美樹
[動画] （株）ビデオワーク

動画付き改訂版 必ずウケる! カードマジック プロが教えるかんたん&本格手品ベスト50

2023年12月15日 第1版・第1刷発行

監　修　　沢 しんや（さわ しんや）
発行者　　株式会社メイツユニバーサルコンテンツ
　　　　　代表者　大羽孝志
　　　　　〒102-0093東京都千代田区平河町一丁目1-8
印　刷　　株式会社厚徳社